Engel mögen dich begleiten

arsEdition

In unserer gemeinsamen Geschichte gab es immer wieder große Denker und Persönlichkeiten, denen es niemals in den Sinn gekommen wäre, die Existenz von Engeln anzuzweifeln oder gar zu leugnen: Weder Thales, Pythagoras noch Homer, auch nicht Sokrates, Platon oder Augustinus hätten sich jemals die Frage gestellt, ob es Engel gibt oder nicht. Für sie waren Engel Wirklichkeit. Eine Selbstverständlichkeit, die zum Leben dazugehörte.

Heute aber sind viele Menschen misstrauischer geworden. Wahrscheinlich haben sie es verlernt, an Engel zu glauben. Wir müssen uns der Engel in unserem Leben nur wieder bewusst werden, denn es gibt sie — und sie waren niemals fort …

Überall in der Welt und auch weit über ihre Grenzen hinaus schalten und walten die Engel. Vielleicht sähe die Welt ganz anders aus, wären da nicht eben jene himmlischen Botschafter, um hier und da schützend einzugreifen.

Die Geschichte wäre vielleicht anders verlaufen und auch wir Menschen hätten uns womöglich anders entwickelt.

So mag es Engel geben, die sich um das große Weltgeschehen kümmern und solche, die sich ganz allein mit unseren persönlichen Belangen beschäftigen …

Engel sind etwas Besonderes

Sie sind vollkommene Geschöpfe.

Erhaben und anmutig.

Ewig, unverwüstlich …

Ihr Herz ist voller Güte, in den Augen nur Liebe und Zuneigung.

Ihr ganzes Wesen ist der Welt zugewandt.

Sie haben das Vertrauen in diese Welt nie verloren.

Haben sich nie von ihr abgewandt …

Engel schweben herab

und bringen vom Himmel

das Echo der Gnade und

das Geflüster der Liebe.

Fanny J. Crosby

Ich werde einen Engel schicken,

der dir vorausgeht.

Er soll dich auf dem Weg schützen und dich

an den Ort bringen, den ich bestimmt habe.

Achte auf ihn und höre auf seine Stimme.

Exodus

Der Name verrät es schon,

dass Engel Boten sind. Die Bedeutung lässt sich von dem griechischen Wort „angelos“ ableiten.

Tatsächlich sind Engel ihrem Wesen nach Botschafter — Es sind Boten der Liebe, der Harmonie, des Friedens und der Hoffnung. Die Welt geriete aus den Fugen, wenn die Engel nicht ständig und ohne Unterlass dafür sorgen würden, ihre Botschaft unter den Menschen zu verbreiten. Engel sind aber auch Mittler. Mittler zwischen uns und einer höheren Welt, der sie näher stehen als wir.

Wenn alle Türen

und die Fenster verdunkelt sind,

darfst du nicht glauben, allein zu sein.

Denn Gott ist bei dir und dein Schutzengel.

Und weshalb sollten sie Licht brauchen,

um zu sehen, was du tust?

Epiktet

Einer, der uns sehr nüchtern

nach unserem Woher und Wohin fragt

und uns sehr gegen unseren Willen

dahin zurückschickt,

wo wir eben davonlaufen wollen,

kann ein Bote Gottes,

ein Engel sein.

Sören Kierkegaard

Glaube mir:

In allem, was wir eine Versuchung,

ein Leid oder eine Pflicht nennen,

ist die Hand eines Engels im Spiel.

Fra Giovanni

Zahlreiche Lichtgestalten …

Man kann Engel nicht zählen, und wahrscheinlich wäre der Mensch auch nicht in der Lage, eine derartige Zahl überhaupt zu denken. Es gibt jedoch so viele, dass sie sich organisiert haben. Jeder Engel ist einer bestimmten Engelgruppe zugehörig und erfüllt eine ganz bestimmte ihm anvertraute Aufgabe.

Suche die Quelle,

die dir immer wieder neue

Lebenskraft schenken kann,

sie entspringt tief in dir selbst.

Klara Löwenstein

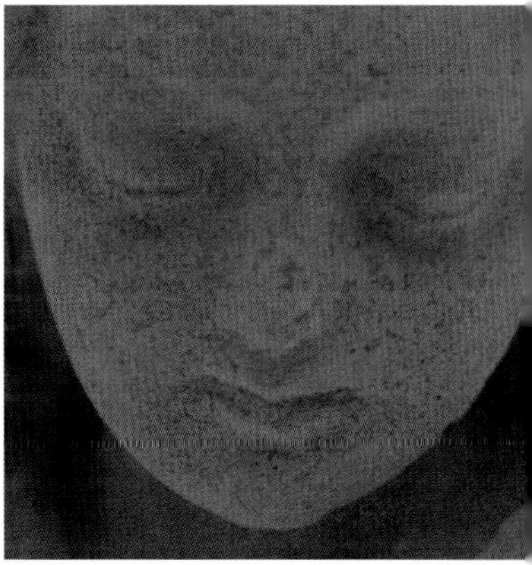

Freu dich in jeder Nacht,

dass Sterne niederglänzen,

mit höherer Hoffnung Strahl

dein Dasein zu ergänzen.

Friedrich Rückert

Von Bekannten ...

Manche Engel kennen wir bei ihrem Namen. Die Geschichten Michaels, Raphaels und Gabriels begleiten uns schon durch viele Jahrhunderte. Die Erzengel, wie wir sie nennen, haben einen hohen Rang in der Hierarchie der Engel.

Eine Seele ist nie

ohne Geleit der Engel.

Wissen doch die erleuchteten Geister,

dass unsere Seele mehr Wert hat

als die ganze Welt.

Bernhard von Clairvaux

Den himmlischen Engeln,

die Gott in Demut besitzen

und ihm in Heiligkeit dienen,

untersteht die ganze stoffreiche Natur

und alles Geistesleben.

Augustinus

Unsichtbare Wegbegleiter

Der Schutzengel ist der bekannteste unter unseren persönlichen Engeln. Auf ihn ist Verlass — vertrauensvoll können wir uns in seine Obhut begeben. Er ist es auch, der uns durch die glücklichen und traurigen Tage führt und uns Kraft spendend zur Seite steht.

Die Schutzengel des Lebens fliegen manchmal so hoch, dass wir sie nicht sehen können, aber sie schauen immer auf uns herunter.

Jean Paul Richter

Wenn Engel

einen Menschen beobachten, der doch das Gute ehrlich will

trotz seiner Schwachheit,

so kommen sie eilig, um weiterzuhelfen.

Sören Kierkegaard

Die Geschichte von den Schutzengeln ist so alt wie die Menschheit selbst. Früher hätte niemand daran gezweifelt, dass es sie gibt, denn ihr Dasein war selbstverständlich. Wie gut ist es da, dass ihre Liebe so bedingungslos ist. Niemals haben die Schutzengel den Menschen verlassen.

Wer Engel sucht

in dieses Lebens Gründen,

der findet nie, was ihm genügt.

Wer Menschen sucht, der wird den Engel finden,

der sich an seine Seele schmiegt.

Christoph August Tiedge

Bleibt, ihr Engel,

bleibt bei mir!

Führet mich auf beiden Seiten,

dass mein Fuß nicht möge gleiten.

Aber lehrt mich auch allhier

euer großes Heilig singen

und dem Höchsten Dank zu bringen.

Johann Sebastian Bach

Wo sind Engel zu Hause ...?

... fragen sich die Menschen heute. Dabei liegt die Antwort auf der Hand und jedes Kind wüsste sie sofort. Engel sind im Himmel zu Hause. Sie leben an idyllischen Orten, in herrlichen Himmelswelten, in denen Milch und Honig fließt. Es gab eine Zeit, da wussten die Menschen das noch, und große Denker vergangener Epochen gaben diesen wunderbaren Orten Namen wie Elysium, Olymp, Walhalla oder Arkadien ...

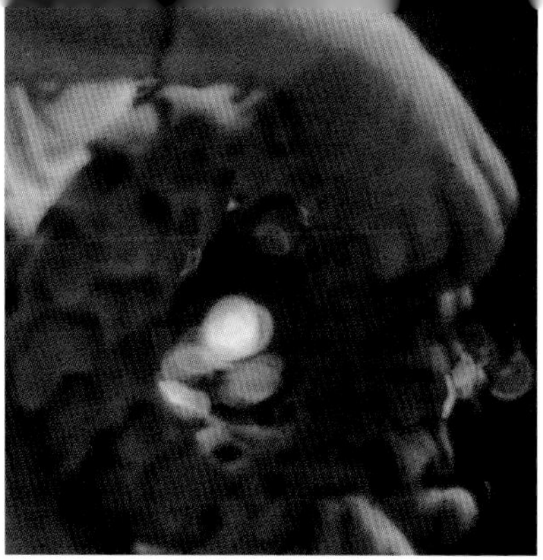

Es ist nicht bekannt,

wo Engel verweilen — ob in der Luft,

im leeren Raum oder auf den Planeten.

Gott hat nicht gewollt, dass wir davon Kenntnis erhalten.

Voltaire

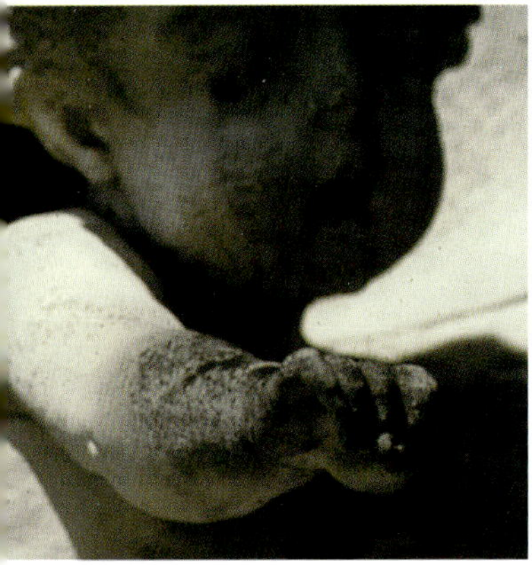

Ein Mensch kann

niemals einem Engel gleichen.

Doch wir sollten wenigstens versuchen,

ihnen gleich zu werden.

Mathilde von der Au

Himmlische Begleiter

Wie Engel wirklich aussehen, können wir nur erahnen. Dennoch sind wir seit Jahrhunderten davon überzeugt, dass Engel Flügel haben. Überall auf der Welt und in den verschiedensten Kulturen ist diese Vorstellung seit jeher verbreitet.

Die Flügel sind Sinnbild der Schnelligkeit unserer flinken Begleiter. Sie symbolisieren ihre enge Beziehung mit der himmlischen Welt. Wie sonst könnten die Engel ihrem Botendienst zwischen Himmel und Erde nachkommen, hätten sie keine Flügel …?

Dein Vergangenes

ist ein Traum

und dein Künftiges ist ein Wind.

Hasche den Augenblick,

der ist zwischen den beiden,

die nicht sind.

Friedrich Rückert

Gib nur der Freude,

der göttlichen, Raum,

dann erfüllt sich der schöne, der ewige Traum,

und der Himmel kommt wieder auf Erden.

Otto Rupertus

Wenn ich meiner Liebe

und meiner Seele frei wäre …

Nur Engel, die hoch oben schweben,

genießen solche Freiheit.

Richard Lovelace

Vom Wesen der Engel

Vielleicht vermissen wir etwas … Kleinigkeiten – etwa das Gefühl der Geborgenheit, der Wärme oder des Aufgehobenseins. Die Vorstellung, dass die sanften Wesen uns leise folgen, uns liebevoll die Hand reichen, um uns zu führen und zu helfen, tut gut – sie beruhigt.

Das Große geschieht
so schlicht wie das Rieseln des Wassers,
das Fließen der Luft,
das Wachsen des Getreides.

Adalbert Stifter

Auch das ist Kunst,

ist Gottes Gabe,

aus ein paar sonnenhellen Tagen

sich so viel Licht ins Herz zu tragen,

dass, wenn der Sommer längst verweht,

das Leuchten immer noch besteht.

Johann Wolfgang von Goethe

Der Heiterkeit sollen wir,

wann immer sie sich einstellt,

Tür und Tor öffnen; denn sie

kommt nie zur unrechten Zeit.

Arthur Schopenhauer

Wenn Engel uns begegnen ...

Engel sind ein Teil unserer Alltagswelt, sie nehmen an unserem Leben teil, unerkannt und unscheinbar. Wenn uns manchmal der Mut verlässt oder wir vor wichtigen Entscheidungen stehen, dann eilen die freundlichen Helfershelfer herbei, um uns an die Hand zu nehmen und uns ein Stück des Weges zu begleiten.

Sie kommen noch immer

durch den aufgebrochenen Himmel,

die friedlichen Schwingen ausgebreitet,

und ihre himmlische Musik

schwebt über der ganzen müden Welt …

William Shakespeare

Er schläft nicht,

man täuscht ihn nicht,

den edlen Schützer eines jeden von uns.

Schließe deine Tür und mache dunkel,

aber erinnere dich, dass du niemals allein bist.

Epiktet

Wo Engel sich zeigen …

Die Natur hat viele von den kleinen Himmelsbotschaftern, die ihr beim Werden und Wachsen helfen. Und wenn wir ganz genau hinschauen, meinen wir das Werk eines Engels zu sehen.

So heißt es, dass jeder Regentropfen und jede Schneeflocke auf dem Weg zur Erde von winzig kleinen Engeln begleitet wird …
Engel spenden auch den Blumen ihren Duft, und man sagt, wenn am Morgen der Himmel in den schönsten Farben leuchtet, dann backen die Engel in der Himmelsbäckerei …

Wunder …

geschehen nicht im Widerspruch zur Natur,

sondern nur im Widerspruch zu dem,

was uns über die Natur bekannt ist.

Augustinus

Ein Wort, das dir ein Engel

in dein eigenes Herz gelegt hat, ist für die Seele heilsamer

als tausend Worte, durch das Ohr von außen her vernommen!

Denn was du im Herzen vernimmst, ist schon dein Eigentum;

was du aber von außen her vernimmst, das musst du

dir erst zu Eigen machen.

Jakob Lorber

Fotografien: Annegret Schackmann

Text: Julia Schmitz-Hövener

Gestaltung: Atelier Schug, München

Printed by Tien Wah Press

ISBN-13: 978-3-7607-2391-4

ISBN-10: 3-7607-2391-8

www.arsedition.de